RÉPUBLIQUE FRANÇAISE.

MINISTÈRE DE LA GUERRE.

RÈGLEMENT PROVISOIRE

DU 2 AVRIL 1892

SUR L'ORGANISATION ET L'EMPLOI DU

SERVICE VÉLOCIPÉDIQUE

DANS L'ARMÉE.

(Extrait du *Bulletin officiel*, partie réglementaire, année 1892, n° 24.)

PARIS	LIMOGES
11, Place Saint-André-des-Arts.	46, Nouvelle route d'Aixe, 46.

IMPRIMERIE ET LIBRAIRIE MILITAIRES

Henri CHARLES-LAVAUZELLE

ÉDITEUR

1892

BULLETIN OFFICIEL

DU

MINISTÈRE DE LA GUERRE.

1892. **PARTIE RÉGLEMENTAIRE.** N° 24.

SOMMAIRE.

Avril 1892.   Pages.
2. Circulaire portant envoi d'un règlement provisoire sur l'organisa-
    tion et l'emploi du service vélocipédique dans l'armée.   453
Id. Règlement provisoire sur l'organisation et l'emploi du service vélo-
    cipédique dans l'armée.   455

N° 128. Le Ministre de la guerre à MM. les Gouverneurs militaires
de Paris et de Lyon ; les Généraux commandant les corps d'armée. (*Etat-major de l'armée ; 3e Bureau.*)

Paris, le 2 avril 1892.

(*Envoi d'un règlement provisoire sur l'organisation et l'emploi
du service vélocipédique dans l'armée.*)

Mon cher Général, l'utilisation du vélocipède dans l'armée,
adoptée en principe dès 1887, est réglementée par la lettre collective du 8 mai 1889.

Mais l'organisation actuelle consiste uniquement à affecter à
chaque corps d'infanterie quatre vélocipédistes réservistes ou territoriaux apportant leur machine et à laisser aux commandants
de corps d'armée le soin de régler leur service aux manœuvres et
en campagne.

Cette organisation correspondait bien à la période de tâtonne-
ments que vient de traverser la vélocipédie.

En effet, il eût été imprudent d'aller plus loin, soit au point de
vue des machines, dont les modèles s'amélioraient chaque jour,
soit au point de vue de la répartition des vélocipédistes dont le
nombre était encore assez restreint et dont le mode d'emploi le
plus avantageux ne pouvait être déterminé que par l'expérience.

Les grandes manœuvres annuelles, les exercices particuliers
des corps de troupe ont depuis démontré que les vélocipédistes

étaient susceptibles de rendre de précieux services en campagne. Leur utilisation comme plantons dans certaines villes de garnison a été également fort appréciée.

D'un autre côté, un mouvement considérable s'est produit en leur faveur ; de nombreuses sociétés vélocipédiques se sont fondées, préconisant et vulgarisant ce nouveau sport ; l'attention publique, enfin, vivement sollicitée, a été frappée par les résultats obtenus dans des courses auxquelles on cherchait à donner un caractère pratique.

L'usage du vélocipède entre donc de plus en plus dans les mœurs et il est possible de développer l'organisation actuelle et de poser des principes généraux pour l'emploi du service vélocipédique dans l'armée.

Les rapports fournis par les commandants de corps d'armée, en exécution de la lettre collective du 23 septembre 1891, sont d'ailleurs unanimes à cet égard.

J'ai décidé, en conséquence, que les dispositions de la lettre du 8 mai 1889 seraient abrogées et remplacées par celles du règlement provisoire que j'ai l'honneur de vous adresser ci-joint.

L'organisation nouvelle est établie sur des bases assez larges pour permettre d'utiliser les vélocipédistes à diverses missions.

Mais il importe de bien se rendre compte des genres de services qu'on peut retirer de leur utilisation.

Comme moyen de locomotion, le vélocipède présente les avantages les plus précieux. Son prix est relativement peu élevé, son entretien facile.

D'un usage commode et à la portée de tous, il n'a d'autres limites, comme fond et vitesse, que les forces mêmes de son cavalier ; la nuit, son allure est encore très rapide ; enfin son peu de hauteur et le silence de sa marche sont également des qualités appréciables.

Mais, par contre, il a le grand défaut d'être lié aux routes d'une manière presque absolue.

Si la route est bonne, libre et peu accidentée, le vélocipédiste dispose de tous ses moyens de supériorité ; si la route est encombrée, défoncée ou seulement détrempée, sa vitesse sera toujours ralentie et même il arrivera quelquefois qu'il ne pourra se servir de sa machine ; enfin, en dehors des routes ou des bons chemins, il sera le plus souvent réduit à l'impuissance, c'est-à-dire que dans ce cas son emploi n'est pas pratique.

Il est donc certain que, dans l'état actuel de la question, le rôle principal des vélocipédistes consiste à transmettre les ordres, comptes rendus ou communications de toute nature.

Leur utilisation comme éclaireurs ou combattants ne doit être tentée qu'à titre d'essai, et il est nécessaire de se tenir en garde contre les exagérations du jour, qui tendraient à faire donner à ce service une importance à laquelle il ne saurait prétendre tout au moins pour le moment.

Les expériences qui pourront être entreprises conformément aux dispositions transitoires insérées dans le règlement permettront seules de fixer des règles plus précises à l'égard des différents modes d'emploi des vélocipédistes.

Signé : C. DE FREYCINET.

Nº 129. *Règlement provisoire sur l'organisation et l'emploi du service vélocipédique dans l'armée.*

Paris, le 2 avril 1892.

Iʳᵉ PARTIE.

BASES DE L'ORGANISATION ET PRINCIPES GÉNÉRAUX.

Art. 1ᵉʳ. L'emploi du vélocipède est principalement destiné à faciliter le service d'estafette, c'est-à-dire celui de la transmission des ordres, comptes rendus et communications de toute nature.

Le service vélocipédique est néanmoins organisé sur des bases assez larges pour permettre d'utiliser les vélocipédistes à d'autres missions dans certains cas particuliers.

En campagne et aux manœuvres, les vélocipédistes sont tirés des hommes de la réserve et de l'armée territoriale qui apportent leurs machines.

En temps de paix, l'Etat met à la disposition des corps de troupe un certain nombre de machines.

Art. 2. En garnison, les chefs de corps disposent des machines mises à leur disposition pour faciliter ou réduire le service des plantons et vaguemestres, pour entretenir dans la pratique du vélocipède les hommes ayant l'habitude de ce genre de sport avant leur entrée au service, enfin pour développer chez les officiers le goût de la vélocipédie.

Il en est fait usage dans les exercices en terrain varié et dans les manœuvres de garnison, de manière à familiariser les corps avec ce nouveau moyen de transmission des ordres.

Art. 3. En campagne et aux manœuvres, les divers cas dans lesquels on peut chercher à employer les vélocipédistes se rattachent aux trois situations d'estafettes, d'éclaireurs et de combattants.

a) COMME ESTAFETTES.

Art. 4. Pendant le stationnement, toutes les fois qu'on disposera de bonnes routes, les vélocipédistes doivent être employés de préférence aux estafettes et aux plantons pour la transmission des ordres, comptes rendus et communications de toute nature.

Ils peuvent également remplacer les postes de correspondance, ou tout au moins leur venir en aide et permettre de réduire leurs effectifs en hommes montés.

Aux avant-postes, ils rendront encore de grands services, si le terrain est favorable, pour assurer la liaison des différents échelons entre eux et avec le corps principal.

Art. 5. Pendant les marches, ils pourront servir à relier deux colonnes parallèles, les flanc-gardes d'une colonne ou même les éléments de la colonne si la largeur de la route permet leur passage le long des troupes.

Les vélocipédistes des corps de troupe marchent habituellement en tête de leur corps, en poussant leur machine ou en profitant des intervalles laissés entre les éléments pour conserver une certaine liberté d'allure.

Quand les troupes quittent les routes, les vélocipédistes suivent leur corps et marchent à la suite, ou profitent des sentiers qui conduisent dans la même direction, tout en restant à portée de recevoir et de transmettre un ordre.

Les vélocipédistes des états-majors marchent à portée de ces états-majors dans les mêmes conditions.

Art. 6. Pendant le combat, les vélocipédistes pourront souvent servir à relier les états-majors entre eux.

Dans la zone de l'action proprement dite, leur emploi est forcément très restreint. Cette zone n'est pas de leur domaine, puisque les troupes ont quitté les routes et recherchent tous les accidents du terrain.

Sauf des circonstances particulières, dès qu'une troupe prend la formation de combat, les vélocipédistes sont groupés à la réserve, aussi près que possible d'une route, pour servir aux communications avec l'arrière.

b) COMME ÉCLAIREURS.

Art. 7. Dans l'état actuel de la vélocipédie, les vélocipédistes sont des éclaireurs imparfaits et insuffisants parce que leur marche est subordonnée à l'état des routes et à leur tracé. Il faut donc considérer comme une exception le cas où ils pourront être employés soit comme éclaireurs, soit comme adjoints à des reconnaissances ou à des patrouilles.

c) COMME COMBATTANTS.

Art. 8. Leur vitesse exceptionnelle, la longueur des parcours qu'ils sont susceptibles de fournir, leur moyen de transport qui ne demande que peu de soins et pas de nourriture, sont des avantages qui pourront parfois les rendre aptes au rôle de partisans chargés d'un coup d'audace ou de surprise et à celui de repli ou de soutien de la cavalerie.

Mais, dans l'état actuel de ce mode de locomotion, le vélocipédiste fait corps avec sa machine, qui lui est personnelle, et avec la route à laquelle il est lié d'une façon presque absolue.

Par suite, l'emploi du velocipédiste comme combattant est très incertain et ne peut être pour le moment soumis à aucune règle.

Service dans les places.

Art. 9. Dans les places fortes et camps retranchés, les conditions du service de la vélocipédie militaire sont sensiblement les mêmes que dans le stationnement des troupes de campagne.

Les gouverneurs pourront, en conséquence, utiliser dans une large mesure, comme estafettes, les vélocipédistes dont ils disposent.

IIᵉ PARTIE.

ORGANISATION DU SERVICE VÉLOCIPÉDIQUE DANS L'ARMÉE.

CHAPITRE Iᵉʳ.

EFFECTIFS DES VÉLOCIPÉDISTES.

Art. 10. Le nombre des vélocipédistes affectés en campagne à chaque corps ou service est indiqué dans le tableau annexé au présent règlement.

Art. 11. Pendant les manœuvres, on cherchera à se rapprocher des chiffres portés sur ledit tableau; ils devront toujours être considérés comme des maxima. A cet effet, on utilisera les ressources en vélocipédistes fournies par les classes appelées.

En cas d'insuffisance, les généraux commandant les corps d'armée pourront en outre autoriser l'emploi des machines du temps de paix montées par des hommes de l'armée active.

Art. 12. En temps de paix, aucun homme de l'armée active n'a l'affectation de vélocipédiste. Mais des machines fournies par l'Etat sont attribuées aux corps de troupe, savoir :

Deux machines par régiment d'infanterie, d'artillerie ou du génie et bataillon formant corps.

Une machine par régiment de cavalerie.

Ces machines peuvent être montées par des hommes ayant un an de service et possédant, avant leur arrivée sous les drapeaux, une pratique complète du vélocipède.

Art. 13. Dans le cas où le nombre des vélocipédistes serait supérieur à celui des machines, ces hommes alterneraient entre eux pour faire usage des vélocipèdes.

Le chiffre des hommes ainsi distraits du rang est en conséquence de deux au maximum par corps de troupe, sauf autorisation du commandant du corps d'armée, motivée par des raisons particulières.

Art. 14. Les états-majors et services ne sont dotés d'aucune machine en temps de paix.

Les commandants de corps d'armée déterminent les places de leur région dans lesquelles le service des plantons à pied ou à cheval attribués à des états-majors ou services peut être confié, en tout ou en partie, à des vélocipédistes.

Ce service sera assuré par l'appel successif d'hommes de la réserve ou de l'armée territoriale ayant l'affectation régulière de vélocipédistes et apportant leur machine.

CHAPITRE II.

RECRUTEMENT ET AFFECTATION DES VÉLOCIPÉDISTES.

Art. 15. Chaque année, avant le 1er juin, les commandants de corps d'armée fixent l'époque d'une épreuve à laquelle sont soumis les candidats à l'emploi de vélocipédiste.

Art. 16. Peuvent prendre part à cette épreuve les hommes de l'armée active dans leur dernière année de service et les hommes de la réserve et de l'armée territoriale.

Les hommes de l'armée active la subissent à leur corps ; ceux de la réserve et de l'armée territoriale la subissent dans un corps de leur arme, s'il en existe dans la subdivision de leur résidence, et, à défaut, dans le régiment d'infanterie de cette subdivision.

Les uns et les autres adressent en conséquence une demande écrite au chef du corps devant lequel ils doivent subir l'épreuve, de manière qu'elle lui parvienne au moins quinze jours avant la date fixée par le commandant du corps d'armée.

Art. 17. L'épreuve comporte trois parties : une visite médicale, un examen oral et une course sur route.

Les deux premières parties ne donnent pas lieu à une note ; le candidat est seulement déclaré admissible ou refusé.

Les résultats de la course déterminent le classement des candidats.

Art. 18. La visite médicale est passée par un médecin du corps, qui examine si l'homme remplit toutes les conditions d'intégrité des organes de la respiration et de la circulation, — notamment en ce qui concerne les varices, — s'il n'a aucune prédisposition aux hernies et si, en cas de diminution de l'acuité visuelle, l'usage des verres corrige suffisamment les conditions de la vision.

Art. 19. L'examen oral porte sur la lecture pratique de la carte, la connaissance des signes distinctifs des états-majors (fanions, lanternes, brassards, etc.), l'échelonnement et les formations habituelles des éléments d'une colonne en ordre normal de marche.

Le général commandant le corps d'armée, en même temps qu'il fixe la date de l'épreuve, arrête dans ses détails le programme de l'examen oral. Ce programme est à la disposition de tous les candidats, qui doivent le demander au chef du corps dans lequel ils subiront l'épreuve.

L'examen est passé devant une commission composée de trois membres, savoir :

Un officier supérieur, un capitaine et un lieutenant ou sous-lieutenant dans les régiments ;

Un capitaine et deux lieutenants ou sous-lieutenants dans les bataillons formant corps.

La commission se fait présenter les brevets ou diplômes que le candidat a pu obtenir dans les concours ou auprès des diverses sociétés vélocipédiques, et en tient compte pour la déclaration d'admissibilité.

Les vélocipédistes devant fournir leur machine, les candidats à l'emploi remettent, en outre, à la commission, une pièce (facture légalisée, certificat du maire ou de la gendarmerie, etc.) établissant qu'ils sont possesseurs d'une bicyclette du type de route ou de demi-route.

La commission s'assure qu'ils sont en état de démonter et de remonter la machine qu'ils présentent.

Ceux qui ne pourraient justifier de la possession d'une machine seront prévenus que, quel que soit le résultat de l'épreuve, leur affectation comme vélocipédiste ne peut être définitive qu'après la production de la pièce indiquée ci-dessus, qui doit parvenir au chef de corps ou au commandant du bureau de recrutement, suivant le cas, au plus tard le 15 octobre.

Art. 20. La course sur route est fournie suivant un itinéraire déterminé par le chef de corps, qui prend les mesures nécessaires pour qu'elle soit contrôlée de manière à éviter toute fraude.

Le seul modèle de machine à employer est la bicyclette. Elle est apportée par l'homme si ce dernier est de la réserve ou de l'armée territoriale. Les hommes sous les drapeaux peuvent, s'ils en font la demande, faire usage des machines régimentaires.

La course est de 90 kilomètres à couvrir en moins de six heures pour les candidats à l'emploi de vélocipédiste dans les états-majors et dans la cavalerie ; elle est de 48 kilomètres à couvrir en moins de quatre heures pour ceux qui peuvent être employés dans les autres corps ou services.

Les candidats qui n'ont pas obtenu ce dernier résultat sont éliminés.

Art. 21. Les résultats de l'épreuve sont consignés, pour les hommes de l'armée active, sur les états d'affectation modèle 17 que les corps font parvenir le 1er juillet aux commandants des bureaux de recrutement, et, pour les hommes de la réserve et de l'armée territoriale, sur des états de même modèle qui reçoivent la même destination.

Les commandants des bureaux de recrutement adressent ensuite un relevé de ces divers états au général commandant le corps d'armée, qui décide de l'affectation suivant les besoins des corps ou services et d'après les résultats obtenus par les candidats.

Cette décision est portée à la connaissance des corps ou services intéressés et des bureaux de recrutement.

Mention en est faite par leurs soins sur les livrets des hommes qui sont alors définitivement affectés comme vélocipédistes, s'ils ont rempli la formalité prévue au dernier alinéa de l'article 19 ci-dessus. Dans le cas contraire, il en est rendu compte au général commandant le corps d'armée, qui comble les vacances produites au moyen des candidats classés après ceux qui n'ont pu être affectés, faute d'avoir justifié de la possession d'un vélocipède.

Art. 22. Les vélocipédistes des corps de troupe sont affectés à ces corps.

Ceux des états-majors ou services sont affectés aux sections de secrétaires, de commis et ouvriers ou d'infirmiers.

Dans le cas où ces états-majors ou services ne seraient pas stationnés avec la portion centrale desdites sections, les vélocipédistes qui leur sont attribués comptent dans ces sections, mais seront mobilisés par les soins d'un corps de la garnison.

Art. 23. Les vélocipédistes conservent leur grade de soldat, caporal ou sous-officier.

Toutefois, les fourriers, sergents-majors ou maréchaux des logis chefs et adjudants qui voudraient être affectés comme vélocipédistes doivent être remis sergents ou maréchaux des logis au moment de leur affectation.

Art. 24. Les vélocipédistes comptent en sus des effectifs réglementaires.

CHAPITRE III.

HABILLEMENT, ÉQUIPEMENT ET ARMEMEET DES VÉLOCIPÉDISTES.

Art. 25. L'habillement des vélocipédistes comporte les effets indiqués ci-après :

1° Capote ou manteau réglementaire de l'arme ou du service roulé sur le sac ou dans le ballot;

2° Vareuse du modèle des chasseurs alpins, avec numéro du corps ou attributs du service;

3° Pantalon d'ordonnance, sans basane en cuir pour les armes à cheval;

4° Pèlerine courte en drap, du modèle des zouaves;

5° Képi du modèle réglementaire de l'arme;

6° Brassard en drap de couleur du fond portant comme attribut un vélocipède en drap rouge pour les caporaux, brigadiers ou soldats; en or ou argent pour les sous-officiers.

Art. 26. Le linge attribué aux vélocipédistes comporte les effets réglementaires; toutefois, ils sont pourvus de deux chemises de flanelle de coton.

Art. 27. La chaussure est le brodequin réglementaire de l'infanterie avec jambières en cuir pour toutes les armes.

La deuxième paire de chaussures est la chaussure de repos réglementaire pour les troupes à pied et la botte pour les armes à cheval.

Art. 28. L'équipement comprend :

1° L'étui-musette du modèle réglementaire;
2° Un sac à dépêches;
3° Le petit bidon et le quart;
4° Le havresac du modèle réglementaire pour les troupes à pied ; cet objet est porté sur les voitures;
5° L'étui de revolver avec ceinture.

Art. 29. L'armement est constitué par le revolver du modèle réglementaire avec dix-huit cartouches.

Art. 30. Les dispositions qui précèdent, relatives à l'habillement, à l'équipement et à l'armement, ne s'appliquent qu'aux hommes définitivement affectés comme vélocipédistes après leur passage dans la réserve.

Les hommes de l'armée active, employés provisoirement pendant leur séjour sous les drapeaux, conservent la tenue de leur corps.

Quant ils montent les machines fournies par l'Etat, ils sont sans armes et leurs sacs ou ballots d'effets sont portés sur les voitures. En outre, dans les armes à cheval, ils font usage du pantalon sans basane et d'une chaussure d'homme à pied (souliers, brodequins ou bottes sans éperons).

CHAPITRE IV.

DU MATÉRIEL A EMPLOYER.

Art. 31. Le type employé dans l'armée est une bicyclette de n'importe quel modèle, pourvu qu'elle remplisse les conditions d'une machine de route ou de demi-route.

Art. 32. En cas de mobilisation et pour toutes les convocations, les vélocipédistes apportent avec eux la machine dont ils sont propriétaires, ainsi que quelques pièces de rechange (rayons, écrous, etc.). A leur arrivée, ces machines sont examinées, vérifiées et évaluées, savoir :

a) Dans les corps de troupe, par une commission composée d'un adjudant-major, de l'officier d'armement et du chef armurier ;

b) Dans les états-majors ou services, par un officier ou fonctionnaire désigné par le chef de service, assisté de l'officier d'armement et du chef armurier d'un des corps de la garnison.

Art. 33. Lorsque la machine n'est pas jugée susceptible de faire un bon service, l'affectation du vélocipédiste est annulée et le commandant du corps d'armée prononce, s'il y a lieu, le changement d'arme nécessaire.

Art. 34. Les vélocipèdes attribués aux corps de troupe en temps de paix, en vertu de l'article 12 ci-dessus, sont fournis par le service de l'artillerie, qui détermine le modèle à fabriquer dans les ateliers de l'Etat. En cas de mobilisation, ces machines sont emportées par les corps et forment une première réserve pour servir au remplacement des vélocipèdes mis hors d'usage.

CHAPITRE V.

ADMINISTRATION. — SOLDE ET INDEMNITÉS ATTRIBUÉES AUX
VÉLOCIPÉDISTES. — RÉPARATIONS. — RÉFORME.

Art. 35. Les vélocipédistes des états-majors et services sont administrés comme les isolés des quartiers généraux.

Ceux des corps de troupe comptent dans les états-majors ou dans une unité de leur corps.

Art. 36. En garnison, les vélocipédistes, convoqués conformément aux dispositions de l'article 14 ci-dessus, reçoivent la solde de leur grade.

Aux manœuvres, les vélocipédistes affectés aux états-majors et services ont droit à l'indemnité journalière de 2 fr. 50 à l'exclusion de toute autre allocation. Les vélocipédistes des corps de troupe n'ont droit, en principe, qu'à la solde de leur grade et vivent à l'ordinaire ; exceptionnellement, et sur l'ordre du chef de corps, il leur est alloué une indemnité de 2 fr. 50 par jour lorsque leur service ne leur permet pas de vivre à leur corps.

Les indemnités journalières de 2 fr. 50 sont imputées sur les fonds de l'indemnité de route.

En campagne, les dispositions pour la solde des vélocipédistes sont les mêmes qu'aux manœuvres. En outre, le chef de corps ou de service peut leur délivrer, dans certains cas, des bons de réquisition pour une demi-journée de nourriture chez l'habitant.

Art. 37. En garnison, les vélocipédistes ont droit à une indemnité journalière de 0 fr. 50 pour l'usure et l'entretien de leur machine (graissage, menues réparations, etc.)

Aux manœuvres, l'indemnité journalière pour usure et réparations est de 0 fr. 75.

Dans les deux cas, les grosses réparations, par suite de cas de force majeure constatés par procès-verbal, sont à la charge de l'Etat.

En campagne, la machine est réquisitionnée conformément à l'article 17 du décret du 2 août 1877. Le vélocipédiste ne reçoit en conséquence aucune indemnité journalière; toutes les réparations sont à la charge de l'Etat. Quand le vélocipédiste reprend possession de sa machine, il est indemnisé de la dépréciation qu'elle a pu subir en prenant pour base l'évaluation faite par la commission dont il est parlé à l'article 32 ci-dessus.

Art. 38. Les indemnités pour usure et entretien sont payées sur les fonds du service de la solde et régularisées dans une colonne spéciale des feuilles de journées de l'unité à laquelle les intéressés appartiennent.

Art. 39. Les dépenses résultant des grosses réparations aux vélocipèdes apportés par leurs propriétaires, ainsi que celles de toutes les réparations aux vélocipèdes fournis par l'Etat, incombent au service de l'artillerie. Autant que possible, ces réparations sont faites dans les corps par les chefs armuriers.

Art. 40. D'une manière générale, les vélocipèdes fournis par l'Etat rentrent dans la composition du matériel des équipages. Ils sont remplacés après réforme prononcée dans les formes ordinaires.

IIIe PARTIE.

DISPOSITIONS TRANSITOIRES.

CHAPITRE Ier.

ORGANISATION.

Art. 41. Provisoirement, les vélocipédistes seront armés de la carabine de cavalerie avec 36 cartouches.

L'équipement sera constitué en conséquence.

Art. 42. Jusqu'à ce que le service de l'artillerie ait fourni aux corps de troupe les vélocipèdes qui leur sont attribués en temps de paix, les chefs de corps pourront, dans les limites fixées par le présent règlement (art. 13), employer comme vélocipédistes des hommes de l'armée active ayant un an de service, habitués à la pratique du vélocipède et possesseurs d'une machine.

Les réparations ne donnent droit à aucune indemnité.

Art. 43. Les épreuves pour l'affectation des vélocipédistes en 1892 auront lieu au plus tard le 15 juin, de manière que les hommes de la réserve et de l'armée territoriale reçoivent cette affectation le plus tôt possible et répondent comme vélocipédistes aux convocations pour les manœuvres d'automne.

La pièce régulière établissant la propriété d'une bicyclette de route ou de demi-route, dont la production est prescrite par l'article 19 ci-dessus, sera présentée au chef de corps ou de service au moment de la convocation.

Art. 44. Les hommes de la réserve et de l'armée territoriale ayant actuellement l'affectation de vélocipédistes, en vertu des dispositions antérieures, conservent cette affectation et ne sont soumis à aucune épreuve; mais ils doivent produire avant le 15 juin la pièce régulière établissant qu'ils sont propriétaires d'une machine.

Cette disposition est portée à la connaissance des intéressés par les soins des chefs de corps et par l'intermédiaire de la gendarmerie.

Si le vélocipédiste n'a pas fait la preuve demandée, son affectation antérieure est annulée. ·

Art. 45. Les hommes de l'armée active dans leur dernière année de service seront admis à subir les épreuves prévues à l'article 43; mais leur affectation ne sera effectuée qu'au moment de leur passage dans la réserve et dans les conditions déterminées par le présent règlement.

Art. 46. Les commandants de corps d'armée répartiront entre les corps ou services sous leurs ordres les hommes ainsi affectés comme vélocipédistes.

CHAPITRE II.

EMPLOI.

Art. 47. Les principes généraux exposés dans la première partie ne constituent pas des règles absolues.

Les généraux commandant les corps d'armée sont autorisés à employer à titre d'expérience, suivant les circonstances, comme éclaireurs ou même comme combattants, les vélocipédistes des corps ou services sous leurs ordres, et à les grouper à cet effet de la manière qu'ils jugeront convenable.

Les directeurs des manœuvres de garnison ont également toute initiative à cet égard.

Art. 48. Dans le cas de manœuvres de forteresse ou de manœuvres de garnison exécutées sous leur commandement, les gouverneurs des places fortes peuvent demander au général commandant le corps d'armée la convocation par voie d'appels individuels de réservistes ou territoriaux ayant l'affectation de vélocipédistes.

Art. 49. Les rapports fournis à la suite des manœuvres d'automne feront connaître dans un fascicule spécial :

1° L'appréciation des commandants de corps d'armée sur l'emploi du vélocipède en garnison, soit pour le service de planton ou de vaguemestre, soit dans les exercices en terrain varié et les manœuvres de garnison ;

2° Les divers modes d'emploi des vélocipédistes aux manœuvres d'automne et les services qu'ils ont ainsi rendus ;

3° Le nombre d'hommes définitivement affectés, au 1er novembre 1892, comme vélocipédistes dans les corps ou services se mobilisant dans la région et les déficits ou excédents qui en résultent, par rapport aux effectifs de guerre.

Paris, le 2 avril 1892.

Le Ministre de la guerre,
Signé : C. DE FREYCINET.

TABLEAU indiquant le nombre des vélocipédistes affectés à chaque corps ou service.

CORPS OU SERVICES.	NOMBRE des VÉLOCIPÉDISTES.	OBSERVATIONS.
Quartier général d'un corps d'armée.		Les effectifs indiqués ci-contre sont reproduits dans les tableaux d'effectifs de guerre avec la mention qu'ils comptent en sus des effectifs des corps de troupes.
Etat-major d'un corps d'armée............	8	
Général commandant l'artillerie d'un corps d'armée................................	2	Le nombre des vélocipédistes attribués aux états-majors des corps d'armée et des divisions, a été calculé de manière à leur permettre de venir en aide aux vélocipédistes des différents services des quartiers généraux, lorsdes circonstances particulières rendraient insuffisantes les ressources dont ces services disposent.
Général commandant le génie d'un corps d'armée	1	
Direction des services de l'intendance	2	
Direction du service de santé	1	
Trésorerie et postes d'un corps d'armée ..	3	
Section télégraphique de première ligne..	2	
Quartier général d'une division d'infanterie.		
Etat-major de la division	4	
Etat-major de l'artillerie divisionnaire....	2	
Services administratifs	2	
Direction du service de santé	1	
Trésorerie et postes.....................	2	
Quartier général d'une division de cavalerie indépendante.		
Etat-major de la division.................	4	
Commandant l'artillerie de la division.....	1	
Sous-intendant de la division	1	
Trésorerie et postes.....................	2	
Etat-major d'une brigade d'infanterie.....	2	
Etat-major d'une brigade de cavalerie	2	
Régiment d'infanterie.....................	4	
Bataillon de chasseurs	3	
Compagnie divisionnaire du génie	1	
Régiment de cavalerie....................	2	
Commandant de l'artillerie de corps d'un corps d'armée	2	
Etat-major du parc d'artillerie	2	
Ambulance du quartier général	1	
Ambulance divisionnaire..................	1	
Ambulance d'une division de cavalerie....	1	
Boulangerie de campagne...............	1	

Paris, le 28 avril 1892.

Collationné : Herbinet.　　　　　*Certifié :* D. d'Estouvelles.

Paris et Limoges. — Imprimerie militaire Henri Charles-Lavauzelle.

Paris et Limoges. — Imprimerie militaire Henri CHARLES-LAVAUZELLE.